AF360257

EXPLICATION

DU TABLEAU SPÉCIMEN

D'UN

DICTIONNAIRE DES SIGNES

DU LANGAGE MIMIQUE,

Mettant toute personne en état de l'apprendre seule,

Par Mlle JOSÉPHINE **BROULAND.**

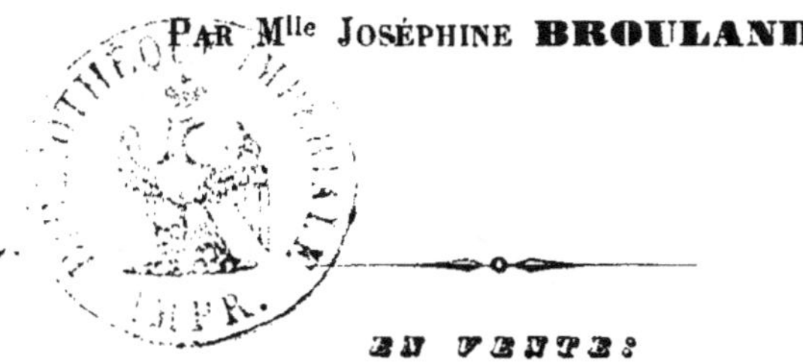

EN VENTE:

A l'Institution Impériale des Sourds-Muets, rue Saint-Jacques, 254,
Et chez l'Auteur, rue de Grenelle-Saint-Germain, 58.

PARIS,

BOUCQUIN, IMP. DE L'INSTITUTION IMPÉRIALE DES SOURDS-MUETS.
RUE DE LA SAINTE-CHAPELLE, 5.

1855.

AVANT-PROPOS.

La Société centrale d'éducation et d'assistance pour les Sourds-Muets, en France, avait mis au concours de cette année la question suivante : « *Indiquer dans un mémoire les moyens les plus propres à mettre l'instituteur primaire, ou toute autre personne ayant un certain degré d'instruction, en état de commencer l'éducation d'un sourd-muet.* » Les ouvrages couronnés, au nombre desquels j'ai eu l'honneur de voir le mien, pourront désormais servir de guides aux personnes qui voudront bien se vouer à cette œuvre.

Mais, selon moi, ces ouvrages n'ont résolu qu'à demi la question proposée, car il est impossible de commencer l'éducation d'un sourd-muet sans connaître soi-même les signes ; il fallait donc un moyen de pouvoir les apprendre seul. Je crois avoir résolu cette question en fixant les gestes sur le papier, méthode inconnue jusqu'à ce jour [a].

Ce moyen, aussi simple que facile, mettant tout le monde à même d'apprendre le langage mimique, sera un bienfait pour le sourd-muet, qui trouvera partout quelqu'un pouvant lui parler et le comprendre. Désormais il ne sera plus condamné à l'isolement ; il n'y aura plus entre lui et ses semblables un mur de séparation ; il ne sera plus étranger à ce qui se passe, à ce qui se dit autour de lui, et, malgré son infirmité, il jouira du bonheur de pouvoir causer avec ses parents, ses amis.

Ce procédé sera non-seulement utile aux Sourds-Muets et aux personnes qui les entourent, mais encore à celles qui, conservant la parole, ont perdu l'ouïe ; on n'aura plus besoin pour leur parler de se pencher vers leur oreille et d'élever la voix ; un simple geste suffira pour être compris.

L'alphabet manuel, inventé par l'abbé de l'Épée, ne peut guère servir de moyen de communication aux personnes étrangères à l'enseignement des Sourds-Muets. Ce moyen est trop long et exige d'abord une étude diffi-

(a) *Voir* le tableau spécimen d'un Dictionnaire des signes, par Mlle Joséphine Brouland.

cile, puis une attention pénible et soutenue.

Le mémoire que j'ai présenté au concours proposait cette méthode; elle a été approuvée par le jury [b]. L'accueil favorable et les encouragements que j'ai reçus de toutes parts m'ont engagée à publier un DICTIONNAIRE DES SIGNES DU LANGAGE MIMIQUE dont je donne le spécimen en forme de tableau [c] ; quoique le nom du signe soit au bas de chaque gravure, cela seul n'eût point suffi, parce qu'une figure présente souvent plusieurs signes, l'action en indique les divers sens, ainsi la figure (4) exprime les mots de *pouvoir*, *force*, *courage*, *puissance*; voilà pourquoi je donne l'explication des signes à part.

Le verbe est donné à l'infinitif, mais le

[b] Voici en quels termes s'est exprimé M. Puybonnieux, rapporteur des ouvrages soumis au concours, relativement à la définition des signes présentée au jury, à la suite de mon mémoire inscrit sous le n° 12 : « Nous « devons signaler à votre attention les définitions des « signes, faites avec un rare bonheur d'expressions, et « qui prouvent qu'il serait bien plus facile qu'on ne l'avait « cru jusqu'ici de fixer cette langue et de faire un bon « dictionnaire à l'usage de ceux qui voudraient l'apprendre. » (Compte-Rendu de la séance de la Société centrale d'éducation et d'assistance des Sourds-Muets, en France, 19 *juillet* 1855, *page* 26.)

[c] Ce tableau, composé de 132 figures, est imprimé sur grand colombier et se vend, avec l'explication de 262 signes, 5 francs.

signe est le même pour tous les temps. Exemple : à la figure 36 est le mot *voir*, on fait le même signe pour dire : *je vois, je verrai, j'ai vu ;* auquel on ajoute, selon le besoin, le signe du *présent* (fig. 11), du *futur* (fig. 10), du *passé* (fig. 12).

Il en est de même pour les substantifs et adjectifs, qui dérivent d'un verbe, exemple : *Obéir, obéissance, obéissant* (fig. 34).

RÈGLE GÉNÉRALE.

Il faut, pour être compris, que la physionomie exprime l'idée représentée par le signe.

Je m'estimerais heureuse si mon dévouement pouvait apporter quelqu'amélioration au sort des Sourds-Muets, quelqu'adoucissement à leur infortune.

JOSÉPHINE **BROULAND**.

EXPLICATION

DU TABLEAU SPÉCIMEN

D'UN

DICTIONNAIRE DES SIGNES

DU LANGAGE MIMIQUE.

---

1. — FEMME.

Descendre le pouce jusqu'au bas de la joue.
Ce signe s'emploie pour désigner le féminin.

2. — HOMME.

Faire l'action de prendre son chapeau pour saluer.
Ce signe s'emploie pour désigner le masculin.

3. — AVEC, ENSEMBLE.

Les mains se rapprochent.

4. — POUVOIR, COURAGE.

Les poings rapprochés du corps s'avancent un peu en
avant, avec effort.

4. — FORCE, PUISSANT.

Jeter un peu les poings en avant par un mouvement
brusque.

4. — PEUR, CRAINDRE.

Retirer les poings en arrière; le corps suit le même
mouvement. La physionomie exprime la crainte.

5. — JALOUSIE, JALOUX.

Se mordre le bout du doigt. La physionomie exprime
la jalousie.

5. — BONBONS.

Sucer le bout du doigt.

6. — APERCEVOIR.

Avancer un peu le doigt vers l'objet que l'on désigne.

7. — PRIER, DEMANDER.

Diriger les yeux ou vers le ciel, ou vers les personnes
auxquelles on s'adresse.

8. — VIN.

9. — HEUREUX, BONHEUR.

Tourner les mains l'une dans l'autre.

10. — FUTUR, L'AVENIR.

Avancer un peu la main en avant.

10. — MONSIEUR, MADAME.

Remuer la main de côté et d'autre, sans la changer de
place. Faire précéder ce geste de celui du masculin ou du
féminin, selon le mot qu'on veut exprimer.

11. — PRÉSENT, ÊTRE.

Descendre un peu les mains.

11. — AUJOURD'HUI.

Tracer un demi-cercle avec le doigt à la hauteur de la tête , puis faire le signe du présent.

11. — PEUT-ÊTRE.

Lever et descendre un peu les mains alternativement , pour imiter les plateaux d'une balance.

Hausser légèrement les épaules. La physionomie doit exprimer le doute.

12. — PASSÉ, AUTREFOIS.

Jeter la main par dessus l'épaule.

13. — PARTIR.

Frapper la main droite derrière la main gauche.

14. — VACANCES, CONGÉ.

Agiter les doigts.

15. — PROMENER, JARDIN.

Agiter les mains en avant et en arrière, sans remuer les bras.

16. — RESTER, DEMEURER.

Descendre un peu les pouces par un petit mouvement brusque.

Au signe *demeurer* ajouter l'action de dormir la tête appuyée sur la main.

17. — VOUS VOUS TROMPEZ.

Avancer un peu la main.

18. — JE ME TROMPE.

19. — VITE, SE DÉPÊCHER.

Passer rapidement la main sous le menton.

20. — SALE.

Agiter les doigts alternativement.

21. — PAUVRE.

Remuer un peu la main.

22. — SAGE.

Descendre les mains lentement devant la poitrine.

23. — PAS ENCORE.

Frapper légèrement, à plusieurs reprises, le doigt au bas du menton.

24. — ATTENDRE.

25. — LOIN, LOINTAIN, ÉLOIGNÉ.

Le pouce droit se sépare du gauche.

26. — LOI.

27. — VÉRITÉ, VRAI.

Baisser la main en signe de serment.

27. — VOTRE.

Avancer la main toute droite vers la personne à laquelle on parle.

28. — MENSONGE.

Passer le doigt sous le nez.

29. — PEINE, DOULEUR, CHAGRIN.

Presser le poing contre sa poitrine.

30. — REGRET, REPENTIR.

31. — DÉSIRER.

Attirer un peu les mains vers soi.

32. — TENTER, TENTATION.

Frapper le côté droit à plusieurs reprises.

33. — MÉPRISER.

34. — OBÉIR, OBÉISSANT, OBÉISSANCE.

Descendre lentement les mains à gauche ; le corps suit le même mouvement.

35. — SAVANT, SCIENCE.

Frapper légèrement le front, puis élever la main au-dessus de la tête en élargissant les doigts.

36. — VOIR.

37. — TU, TE, TOI.

38. — JE.

39. — DIFFICILE, DIFFICULTÉ.

Tourner les poings une fois autour l'un de l'autre, avec effort.

40. — OUI.

Baisser la main en signe d'affirmation.

41. — NOUS.

Porter les doigts du côté gauche au côté droit, en décrivant une ligne horizontale.

42. — VOUS.

Diriger la main vers les personnes auxquelles on parle.

43. — SAVOIR, COMPRENDRE.

Se frapper légèrement le front à plusieurs reprises.

43. — PENSER.

Tracer légèrement plusieurs petites lignes circulaires sur le front.

43. — MALICE, MALIN.

Remuer un peu la main sans changer le doigt de place. La physionomie exprime la malice.

44. — ÉTUDIER, APPRENDRE.

Porter la main vers le front, à plusieurs reprises, en élargissant les doigts.

45. — INSTRUIRE, ENSEIGNER.

Jeter un peu les mains en avant, en élargissant les doigts.

46. — BEAUCOUP, TROP.

Élever la main droite au-dessus de la gauche.

47. — JAMAIS.

La main fait une ligne oblique, en revenant à droite.

48. — CROIRE.

Descendre le doigt jusqu'à la bouche.

49. — PARDON, PARDONNER.

Passer la main droite sur la main gauche.

50. — OCCUPER, OCCUPATION.

Les mains vont et viennent de gauche à droite.

51. — AIMER.

Appuyer fortement la main sur son cœur.

51. — CONTENT, PLAISIR, JOIE.

Faire plusieurs lignes circulaires sur son cœur. La physionomie exprime la joie.

52. — AVARE.

Gratter sa main

53. — VOULOIR.

Agiter un peu l'extrémité des mains, en les attirant vers
soi.

54. — L'AUTRE.

Retourner vivement la main, la paume en dehors ; pour
le pluriel on retourne la main à plusieurs reprises.

55. — GOURMAND, GOURMANDISE.

Se frapper avec la main sous le menton à plusieurs
reprises.

56. — VIE, VIVANT.

Respirer fort.

57. — HIER.

Jeter un peu la main en arrière.

57. — DEMAIN.

Retourner vivement la main, le dos en dehors.

58. — IGNORANT, IGNORANCE.

59. — OUBLIER.

Passer rapidement la main sur le front, en l'élevant un
peu au-dessus de la tête.

60. — MONTRER.

Avancer un peu la main.

61. — UN PEU.

62 — TOUJOURS.

Former avec le doigt plusieurs petites lignes circulaires ,
en l'avançant en avant.

63. — CHERCHER.

Les yeux regardent de côté et d'autre pendant que la main
fait plusieurs petites lignes circulaires devant le visage.

64. — ADORER.

S'incliner avec respect.

65. — REMERCIER.

Relever la tête et baisser les mains.

66. — LAID.

Faire avec la main plusieurs lignes circulaires devant le
visage.

66. — TRISTE.

Descendre lentement la main jusqu'au bas du visage ;
où les doigts se réunissent, la tête s'incline , la physionomie exprime la tristesse.

67. — GENTILLE, DOUX , DOUCEUR.

Descendre lentement les doigts qui se réunissent au bas
du menton. La physionomie prend une expression de
douceur.

68. — GRAS.

Gonfler un peu les joues.

69. — MAIGRE.

Glisser les doigts sur les joues, en les appuyant fort,
comme pour allonger le visage.

70. — ORGUEIL, ORGUEILLEUX.

Élever la main jusqu'au haut de la poitrine; la tête suit
le même mouvement.

71. — COLÈRE.

Frapper la poitrine à plusieurs reprises du bas en haut.

72. — ARBRE.

Élever la main jusqu'à la hauteur du front, en la tournant
de côté et d'autre.

73. — SI, A CONDITION, CONDITIONNEL.

Lever un peu les mains avec effort; les épaules suivent le
même mouvement.

73. — JEUNE, JOUER.

Vaciller un peu les mains de côté et d'autre sans les
changer de place. La physionomie prend un air riant.

73. — DEMOISELLE.

Élever gracieusement les mains jusqu'à la hauteur de
l'épaule.

74. — LUMIÈRE, BOUGIE, CHANDELLE.

Souffler sur le doigt et l'élever jusqu'à la hauteur du front.

75. — SAINT.

76. — DIEU.

Élever les yeux vers le ciel.

77. — ANGE.

Agiter alternativement les doigts.

78. — FLEUR, SENTIR.

Elargir les doigts. Faire l'action de sentir.

79. — RIRE, SOURIRE.

Frapper très légèrement, et à plusieurs reprises, le coin
de la bouche qui doit sourire.

80. — FINIR.

Laisser tomber la main droite derrière la main gauche.

80. — NOUVEAU, NEUF, NEUVE.

Faire le signe contraire, lever la main droite derrière la
main gauche en la frappant un peu.

81. — RUE.

Avancer un peu les mains en avant, les rapprocher ou les
séparer, selon la largeur qu'on veut exprimer.

82. — PARESSEUX.

83. — MÉCHANT.

Frapper à plusieurs reprises l'extrémité des doigts.

84. — IL FAUT, JE LE VEUX, JE L'ORDONNE.

Signe de l'impératif.

85. —- AVOIR, POSSÉDER.

86. — FROID.

Souffler dans ses doigts.

87. — CHAUD.

Réchauffer de son haleine le dos de sa main.

88. — FAIM.

Frotter le haut de la poitrine.

89. — BOIRE, SOIF.

Frotter également le haut de la poitrine et faire l'action
de boire.

90. — BONJOUR.

Saluer avec la main.

91. — MON, MA, MES, MOI.

92 —- AMI.

93. — COMMENT VOUS PORTEZ-VOUS ?

94. — COMMENT ? QUOI ? QUELLE ?

Signe interrogatif qu'on emploie chaque fois qu'on interroge.

95. — BIEN, BONTÉ, BON.

Se baiser la main ; si l'on parle d'un aliment qui est bon, ajouter à ce signe celui de passer sa main, à plusieurs reprises, sur le haut de la poitrine.

96 — JE VOUS REMERCIE.

97. — C'EST DIFFÉRENT.

Les deux index se séparent.

98. — COMMENCER.

L'index de la main droite glisse entre les deux doigts de la main gauche jusqu'au bas de la dernière phalange.

98. — RECOMMENCER.

Faire une virgule dans la main gauche avec l'index de la main droite, puis faire le signe précédent.

99. — ASSEZ.

Passer deux fois la main droite sur le profil de la main gauche.

100. — ENCORE.

Frapper deux petits coups dans la main.

101. — PAIN.

Simuler l'action de couper avec la main droite.

102. — EAU.

Remuer un peu le bout du doigt.

103. — CROÎTRE, POUSSER.

La main droite sort de la main gauche, les doigts
s'élargissent.

104. — NOM, NOMMER,
COMMENT VOUS NOMMEZ-VOUS ?

Frapper légèrement l'index gauche avec le droit.

105. — SOIR (le).

Descendre la main droite derrière la gauche.

106. — MATIN (le).

Lever la main droite derrière la main gauche.

107. — DEBOUT, DROIT.

108. — ENTRE.

Passer l'index droit entre les deux doigts de la main
gauche.

109. — MAISON.

109. — VILLE.

Répéter ce signe à plusieurs reprises pour marquer la
réunion des toits.

110. — ALLER.

Les deux index tournent autour l'un de l'autre et se
portent en avant.

110. — VENIR.

Faire le signe contraire.

111. — DANS.

Jeter la main droite dans la main gauche entr'ouverte.

111. — CHEZ.

Répéter ce signe auquel on ajoute celui de maison.

112. — SUR.

Poser la main droite sur la main gauche.

113. — A GENOUX.

114. — HEURE, QUELLE HEURE EST-IL ?

Frapper légèrement le doigt sur le dos de la main à
plusieurs reprises.

115. — PAYER.

116. — PAREILLE, SEMBLABLE, COMME.

Les index se rapprochent.

117. — AIDER.

Soulever un peu l'avant-bras gauche avec le droit.

118. — CAFÉ.

Faire l'action de moudre avec le poing droit placé sur le gauche.

119. — SANTÉ, COMMENT VOUS PORTEZ-VOUS?

Se tâter le pouls.

119. — MAL, MALADE.

Répéter ce signe, auquel on ajoute celui de porter la main sur la partie souffrante.

120. — SOUS.

Passer la main droite sous la gauche.

121. — TRAHISON, HYPOCRISIE.

Glisser le doigt le long de la main.

122. — ACCOMPAGNER.

Avancer les mains en avant.

123. — VIANDE.

Pincer un peu le dos de la main.

124. — OEUF.

Simuler l'action de casser un œuf avec un couteau.

125. — LAIT.

Faire l'action de traire.

126. — POISSON.

Imiter le mouvement du poisson dans l'eau.

127. — PRÊTER.

Avancer et retirer alternativement les poings.

128. — DUR.

Frapper à plusieurs reprises sur le dos de la main.

129. — ANNÉE.

Tourner le poing droit une fois autour du gauche et le poser dessus; lever autant de doigts qu'on veut exprimer d'années.

130. — MOIS.

Glisser le pouce droit jusqu'au bas du gauche, puis lever autant de doigts qu'on veut exprimer de mois.

131. — AMI.

Se serrer la main.

132. — FIÈVRE.

Frapper légèrement et à plusieurs reprises l'index sur le pouls.

EN VENTE:

A l'Institution impériale des Sourds-Muets, rue Saint-Jacques, 254;

Et chez l'Auteur, rue de Grenelle-Saint-Germain, 58.

BOUCQUIN, Imprimeur, rue de la Sainte-Chapelle, 5.

www.ingramcontent.com/pod-product-compliance
Lightning Source LLC
LaVergne TN
LVHW012152170726
843503LV00009B/4126